"JAVSCRIPT DOMINANTE: ALLA SCOPERTA DEL POTERE DEL MIGLIORAMENTO DEL WEB"

2

Contenuti

3

5

Introduzione:

Comprendi brevemente cos'è JavaScript e la sua importanza nel miglioramento del web. Considera il gruppo di interesse ideale, ovvero i giovani praticamente senza esperienza di programmazione.

JavaScript è una parte essenziale del miglioramento web odierno e svolge un ruolo importante nel migliorare l'intelligenza e l'utilità dei siti web. In qualità di saggista e autore che si rivolge particolarmente ai principianti con esperienza di programmazione limitata, è essenziale fornire una spiegazione sensata e concisa di JavaScript.

JavaScript è un linguaggio di programmazione flessibile utilizzato per creare componenti dinamici e intuitivi sui siti Web. A differenza di HTML e CSS, che sono essenzialmente responsabili dell'organizzazione e della progettazione dei contenuti web, JavaScript ha dato alle pagine un comportamento migliore. Ti consente di creare punti salienti come cursori di immagini, approvazioni di strutture e guide intuitive, rendendo i siti Web estremamente coinvolgenti e facili da comprendere.

Per i principianti nel campo dello sviluppo web, JavaScript è un livello base eccezionale grazie alla sua punteggiatura di facile comprensione e alla ricchezza di risorse online. La sua importanza difficilmente potrebbe essere più significativa, consentendo ai designer di ringiovanire le pagine statiche dei siti Web, creando un'esperienza cliente più vivace e connettiva.

In questa guida focalizzata sui giovani, approfondiamo JavaScript, esaminandone le idee essenziali, la struttura linguistica e le applicazioni utili. Col tempo, avrai una solida base per iniziare a integrare JavaScript nei tuoi progetti di miglioramento web e rendere i tuoi siti web più potenti e coinvolgenti per il tuo pubblico.

Fai muovere tutto con JavaScript

Cos'è JavaScript?

Impostazione di un ambiente di miglioramento (editor di codice e programma).
Il tuo programma JavaScript più importante: "Hello, World!"

JavaScript è un linguaggio di programmazione adattabile ed estremamente sofisticato che svolge un ruolo cruciale nel miglioramento del web. Come autore ed editore, lo troverai particolarmente importante quando lavori sul tuo sito web e sui contenuti online. Dovremmo approfondire le sfumature di come far funzionare tutto con JavaScript.

Cos'è JavaScript?

JavaScript è un linguaggio di programmazione ovvio e tradotto, noto soprattutto per aggiungere più istinto alla gente del posto. Viene comunemente utilizzata la creazione di applicazioni Web dinamiche e reattive. JavaScript ha un certo controllo sul contenuto di una pagina, si prende cura degli sforzi collettivi del client e comunica anche con i server in background. La sua adattabilità lo rende uno strumento fondamentale per il miglioramento del web di oggi.

Creazione di un ambiente di miglioramento

Prima di poter iniziare a creare codice JavaScript, è necessario un ambiente di sviluppo significativo. Ne hai bisogno:

Gestori di codice: puoi esplorare un gruppo di editor di codice, come Visual Studio Code, Splendid Text o Particle. Questi editor forniscono l'evidenziazione della struttura della frase, il culmine del codice e funzionalità di esplorazione per rendere la tua esperienza di codifica più piacevole.

Browser: poiché JavaScript viene eseguito nei programmi Web, è importante disporre di un browser. Le opzioni degne di nota includono Google Chrome, Mozilla Firefox e

Microsoft Edge. I creatori utilizzano spesso strumenti di programmazione per testare ed esaminare il proprio codice JavaScript.

Il tuo programma JavaScript più importante: "Hello, world!"
Dovremmo fare un essenziale "Howdy, World!" Avviare il programma in JavaScript. Questo lodevole modello è il passo fondamentale per ogni programmatore:

JavaScript
Copia il codice

```javascript
// Crea una capacità per visualizzare un messaggio
capacità di dire Ciao() {
allarme("Ciao mondo!");
}
```

```
// Ottieni la capacità
di Ciao ( );
```

In questo codice rappresentiamo un'abilità che allude al "dire ciao" e mette in guardia dal messaggio "Ciao mondo!" quando chiamato. La funzione sayHello ( ) viene chiamata verso la fine, facendoti saltare nel tuo programma web quando esegui il codice.

Mentre continui il tuo viaggio con JavaScript, effettuerai ricerche su fattori, cerchie, annunci proibitivi e applicazioni più confuse. Le capacità di JavaScript sono enormi e puoi usarlo per creare qualsiasi cosa, dai design naturali ai giochi web dinamici.

Ricorda, come autore e distributore, puoi utilizzare JavaScript per rendere le tue localizzazioni davvero interessanti e semplici. Puoi creare sostanza viscerale, raccogliere analisi dei clienti e far evolvere l'intera esperienza del cliente. Un campionato importante può isolare i tuoi spread online.

Fattori e loro utilizzo

In JavaScript, i fattori sono simili a compartimenti che contengono diversi tipi di informazioni. Sono un'idea chiave nella programmazione e fondamentali per archiviare e controllare i dati. Considerali come scatole etichettate dove puoi riporre le cose.

Per proclamare una variabile in JavaScript, utilizzare la parola chiave var , let o const seguita dal nome della variabile. Ecco un modello:

JavaScript

Codice duplicato

var age = 30;// Pronuncia una variabile "age" e assegnale il valore 30

Puoi modificare il valore di una variabile in qualsiasi momento:

JavaScript

Codice duplicato

età = 31;//Aggiorna la variabile "età" a 31

Tipi di informazioni in JavaScript

JavaScript supporta alcuni tipi di informazioni:

Numeri: utilizzati per proprietà numeriche, sia numeri che numeri decimali.

JavaScript
Codice duplicato
var costo = 19,99;// Una variabile "costo" con un valore numerico
Stringhe: utilizzate per informazioni stampate racchiuse in istruzioni singole o doppie.

JavaScript
Codice duplicato
var name = "Alice"; // Una variabile 'name' con un valore stringa
Valori booleani: utilizzati per proprietà valide o false.

JavaScript

Codice duplicato
var isStudent = valid;// Una variabile " isStudent " con un valore booleano
Mostre: utilizzato per memorizzare matrici di valori.

JavaScript
Codice duplicato
var prodotti biologici = ["mela", "banana", "ciliegia"]; // Una varietà di stringhe
Oggetti: utilizzati per archiviare corrispondenze di stima chiave e fornire un modo organizzato per coordinare le informazioni.

JavaScript
Codice duplicato
var individuo = {
Nome: "Sway",
Età: 25
};

Viene visualizzata la denominazione delle variabili

È importante seguire i programmi di denominazione dei fattori per creare un codice pulito e legittimo. Ecco alcune pratiche normali:

I nomi delle variabili dovrebbero essere attraenti e mostrare il motivo della variabile.

Utilizzare "camelCase" per i nomi delle variabili (ad esempio "myVariableName") per migliorare ulteriormente la comprensibilità.

I nomi delle variabili iniziano con una lettera (AZ o az) o con un'enfasi (_).

Cerca di non utilizzare parole fisse o parole chiave (ad esempio var , capacità) come nomi di fattori.

Ecco un modello con denominazione legittima:

JavaScript

Codice duplicato

var firstName = "John"; // Nome della variabile illustrativo utilizzando camelCase

Comprendere i fattori e i tipi di informazioni è fondamentale in JavaScript, poiché costituisce la base per lavorare con le informazioni e creare applicazioni dinamiche. Queste idee ti consentono di archiviare, controllare ed elaborare i dati nei tuoi progetti.

Amministratori che si destreggiano tra i numeri:

In JavaScript, gli amministratori di elaborazione dei numeri sono i dispositivi centrali per l'esecuzione di attività numeriche. Quelli di base includono espansione (+), detrazione (-), aumento (*) e divisione (/). Ad esempio, puoi utilizzare + admin per aggiungere due numeri, -- admin per sottrarre, * per incrementare e/o partizionare. Ecco un modello:

JavaScript
Codice duplicato
sia a = 5;
sia b = 3;
essere totale = a + b; // Questo crea un "aggregato" che contiene 8.
Amministratori dell'esame:
Gli amministratori di correlazione vengono utilizzati per esaminare i valori. In JavaScript, quelli normali includono equivalenti più prominenti di (>), non esatti (<) e tripli (===) per una rigorosa uniformità. L'amministratore > controlla se il valore a sinistra è maggiore di quello a destra, < controlla se è inferiore e ===

controlla se sono completamente uguali. Per esempio:

JavaScript
Codice duplicato
sia x = 10;
sia y = 5;
siaMaggiore = x > y; // Questo è valido perché 10 è più importante di 5.

Amministratori legittimi:

Gli amministratori coerenti in JavaScript vengono utilizzati per consolidare o screditare le parole. Esistono AND legittimi (&&), OR significativi (||) e NOT coerenti (!). Sono spesso utilizzati nei proclami restrittivi. Ecco un modello:

JavaScript
Codice duplicato
let hasMoney = valido;
let isSunny = fuorviante;

lascia andareOutside = hasMoney && isSunny; // Questo controlla se le due circostanze sono valide prima di uscire.

Includi articolazioni in JavaScript:

Le formulazioni JavaScript sono miscele di valori, fattori e amministratori che possono essere stimati in un singolo valore. Questi sono i blocchi strutturali per ragionamenti più sorprendenti nel tuo codice. Per esempio:

JavaScript
Codice duplicato
sia span = 5;
let Regione = PI Matematico * (Span * Range); // Questo calcola l'area di un cerchio con una determinata area.

In sintesi, comprendere e utilizzare effettivamente questi amministratori e articolazioni è fondamentale per programmare in JavaScript. Ti consentono di eseguire calcoli, prendere decisioni e controllare l'avanzamento del tuo codice.

Eventuali chiarimenti:

Le dichiarazioni di divieto sono una parte essenziale della programmazione in JavaScript. Permettono di eseguire diversi blocchi di codice date condizioni specificate. Le tipologie più importanti sono:

if: Questa dichiarazione controlla realmente una condizione e, se è legittima, esegue il codice all'interno del blocco. Per esempio:

JavaScript
Copia il codice

```
se (condizione) {
// Codice da eseguire quando la condizione è significativa.
}
```

else if e else: vengono utilizzati per fornire blocchi di codice elettorale quando la condizione di base (o le condizioni precedenti) è falsa.

JavaScript
Copia il codice

```
se (condizione1) {
// Codice da eseguire quando la condizione1 è significativa.
} altrimenti se (condizione2) {
// Codice da eseguire se la condizione2 è legittima.
} diverso {
// Codice da eseguire quando non viene soddisfatta alcuna condizione.
}
```

Spiegazioni dell'interruttore:

Gli annunci di cambio sono un'altra strategia per affrontare condizioni diverse. Sono particolarmente utili quando si ha un unico valore che è possibile verificare in casi diversi. Ecco un modello:

JavaScript
Copia il codice
cambiare (guardare) {
Caso 1:
// Codice per il caso 1
Rottura ;
Caso 2:
// Codice per il caso 2
Rottura ;
Predefinito :
// Codice che viene eseguito quando nessuno dei casi corrisponde
}
Cerchi :
I cerchi sono molto importanti per gli sforzi più oscuri nella programmazione. JavaScript offre due tipi principali:

per cerchi: vengono utilizzati quando sai quante volte vuoi ripetere un blocco di codice.

JavaScript
Copia il codice
```
for (sia I = 0; i < 5; i++) {
// Codice di ripetizione multipla
}
```
Cerchi while: sono utili quando si desidera scorrere un blocco di codice finché non viene consentita una condizione.

JavaScript
Copia il codice
```
mentre (condizione) {
// Codice da ripetere indipendentemente dalla durata della condizione essenziale
}
```

Lavorare con fasci e cerchi:

I gruppi sono disposizioni di dati in JavaScript. Puoi utilizzare i cerchi per enfatizzare le parti di un pacchetto. Ad esempio, per scorrere una visualizzazione ed eseguire un movimento per ciascuna parte:

JavaScript
Copia il codice

```
myArray[i] accede a ciascuna parte
// Codice per gestire ogni parte
}
```

D'altra parte, puoi usare un for...of circle per ottenere una tecnica più chiara e pulita per il riscaldamento con i bundle:

JavaScript
Copia il codice

```
for (costituente parte di myArray) {
// Codice per gestire ogni parte
```

}

Confido che queste informazioni vi aiuteranno nella struttura e nel lavoro di diffusione. Se hai davvero bisogno di maggiori dettagli su uno qualsiasi di questi argomenti o hai richieste specifiche, non esitare a chiedere.

Caratterizzazione delle abilità e loro significato:

In JavaScript, una funzione è un blocco di codice che può essere nominato e riutilizzato. Svolgono un ruolo essenziale nella compilazione e nella modularizzazione del codice. Le funzioni ti consentono di incorporare un vantaggio specifico, rendendo il tuo codice più chiaro e più utilizzabile. Caratterizzano una competenza utilizzando l'etichetta della competenza, seguita da un nome e da una serie di allegati. Per esempio:

JavaScript
Codice duplicato

```
Abilità Saluto (Nome) {
return "Ciao, " + nome + "!";
}
```

Limiti e contraddizioni nelle capacità:

I limiti sono come segnaposto per i valori che devi passare a una capacità. Nel modello sopra, il nome è un confine. Quando dichiari l'abilità, stai dichiarando proprietà reali, chiamate asserzioni. Per esempio:

JavaScript
Codice duplicato
```
let messaggio = Saluta("Alice");
```
In questa situazione, "Alice" è il contendente per il confine del nome. Questo è il modo in cui passi le informazioni a una funzione in modo che possa lavorare con essa.

Riportiamo i proclami:

L'istruzione return viene utilizzata per specificare cosa una funzione dovrebbe successivamente restituire. Questo è un giudizio, ma è comunque importante se ritieni che le tue capacità dovrebbero portare a un risultato. Per esempio:

JavaScript
Codice duplicato

```
abilità aggiungi(a, b) {
restituisce a+b;
}
lascia risultato = aggiungi (5, 3); // Il risultato è attualmente 8
```

Estensione e percettibilità variabile in JavaScript:

L'ambito indica dove sono disponibili i fattori. JavaScript ha due ambiti principali: globale e locale. I fattori che vanno oltre ogni possibilità sono disponibili in tutto il mondo e sono accessibili da qualsiasi punto del codice. I fattori impostati all'interno di una funzione sono locali e devono essere utilizzati all'interno di tale funzione.

JavaScript
Codice duplicato

```javascript
let globalVar = "Io sono globale";

Esempio di capacitàFunzione() {
let localVar = "Sono nelle vicinanze";
console.log( globalVar );// Funziona
console.log(varlocale); // Funziona anche così
}
```

```
console.log( globalVar );// Funziona
console.log(varlocale); // Ciò provoca un errore
```

Comprendere queste idee è fondamentale per creare un codice JavaScript efficace e utilizzabile, il che è particolarmente importante quando si creano script per progetti di vendita o creazione.

Articoli e cluster in JavaScript:

In JavaScript, articoli e cluster sono strutture informative di base utilizzate per ordinare e controllare le informazioni.

Oggetti:

Un elemento in JavaScript è una raccolta di corrispondenze di stima chiave. È una struttura informativa flessibile che può contenere diversi tipi di informazioni.

Puoi creare un articolo con supporti ondulati come questo:

JavaScript

Codice duplicato

```
sia individuo = {
Nome: "Giovanni",
Età: 30,
Chiamata: "Autore"
};
```

Accedi ai valori all'interno di un articolo utilizzando la documentazione spot (person.name) o la documentazione di sezione (person['name']).
Array:

Un cluster è una raccolta ordinata di valori. In JavaScript, le esposizioni possono contenere un mix di diversi tipi di informazioni.
Puoi creare una mostra con sezioni quadrate come questa:
JavaScript
Codice duplicato
lascia toni = ["rosso", "verde", "blu"];
Accedi ai componenti in un cluster utilizzando il relativo file, a partire da 0 (ad esempio, "colori[0]" equivale a "rosso").
Creare e lavorare con gli oggetti:

Per creare un articolo lo caratterizzi con supporti ondulati e lo riempi di abbinamenti chiave di stima.

Puoi utilizzare la documentazione spot o la documentazione di sezione per aggiungere, personalizzare o eliminare le proprietà in un articolo.

Ad esempio, per aggiungere un'altra proprietà:

JavaScript

Codice duplicato

persona.città = "New York";

Per rimuovere una proprietà:

JavaScript

Codice duplicato

elimina persona.occupazione ;

Creazione e utilizzo dei cluster:

Creare una mostra caratterizzandola con sezioni quadrate e riempiendola di valori.

Puoi aggiungere, rimuovere o modificare componenti in un'esposizione.

Per aggiungere un componente alla fine di un cluster:

JavaScript

Codice duplicato

```
colori.push("giallo");
```

Per rimuovere l'ultimo componente:

JavaScript

Codice duplicato

```
colori.pop ( );
```

1. Nozioni di base della programmazione orientata agli oggetti (OOP):

2. La scrittura di programmi per computer orientata agli oggetti è una visione del mondo di programmazione che utilizza oggetti per

strutturare e indirizzare informazioni e comportamenti. Le idee chiave per la programmazione orientata agli oggetti includono:

3. Classi e articoli: le classi caratterizzano I piani per proteste infinite sono occasioni di lezioni.
4. Ereditarietà: le sottoclassi possono acquisire proprietà e strategie da una classe genitore.
5. Incapsulamento: confezionare informazioni e strategie in oggetti e nascondere le complessità interne da una prospettiva esterna.
6. Polimorfismo: oggetti di classi diverse possono essere

trattati come oggetti di una tipica superclasse.

7. In JavaScript, puoi eseguire l'OOP utilizzando modelli o classi ES6 più moderne.

8. Spero che questo fornisca una panoramica approfondita di elementi, cluster e OOP in JavaScript per le tue esigenze di composizione e distribuzione. Supponendo che tu voglia più dati punto per punto o hai richieste specifiche, basta chiedere.

Prologo al Report Item Model (DOM)

Il Report Item Model, spesso indicato come DOM, è un'idea importante nel miglioramento del web. Si tratta della costruzione di una pagina del sito come un albero di articoli a più livelli che ci consente di accedere e controllare il contenuto e il design di una pagina del sito. Fondamentalmente, funge da proxy tra il contenuto di un sito Web e i dialetti di programmazione utilizzati per connettersi ad esso, come ad esempio: Ad esempio JavaScript.

Ruolo del DOM nello sviluppo web

Il DOM gioca un ruolo importante nel miglioramento del web dati diversi fattori:

Apertura dei contenuti web: fornisce una presentazione organizzata del contenuto del sito web e lo rende aperto ai contenuti e ai dialetti di programmazione. Questa apertura è la base per le applicazioni web dinamiche.

Controllo dinamico della sostanza: il DOM ti consente di modificare in modo incrementale la sostanza e il design di una pagina del sito web senza richiedere un aggiornamento completo della pagina. Questo è fondamentale per creare applicazioni web intelligenti e reattive.

Intuitività dell'interfaccia utente: considera la considerazione degli eventi, consentendo la creazione di interfacce utente intelligenti. Eventi come istantanee, movimenti del mouse e origini dati della console possono attivare attività e rendere le applicazioni web davvero interessanti.

Recupero e posizionamento delle informazioni: il DOM consente il recupero di informazioni da strutture web e il loro posizionamento sui server. Questa è una parte fondamentale del lavoro con i clienti, come l'invio di strutture o la collaborazione con i set di dati.

Selezione e controllo dei componenti HTML tramite JavaScript

- JavaScript è il linguaggio essenziale per collaborare con il DOM. Per selezionare e controllare i componenti HTML con JavaScript:

- Seleziona componenti: puoi selezionare i componenti utilizzando tecniche come getElementById, getElementsByClassName o Query Selector per indirizzare in modo specifico i componenti espliciti sulla pagina.

- Personalizza contenuto: quando un componente è

selezionato, puoi modificarne il contenuto, i crediti e lo stile utilizzando JavaScript. Ad esempio, modifica il testo di un passaggio o rinfresca il tono di una sezione.

- Crea componenti: puoi creare e aggiungere nuovi componenti alla pagina. Ciò è utile per la produzione incrementale di contenuti.

Manutenzione degli eventi con JavaScript

- Gestire le occasioni è una parte fondamentale dello sviluppo web. JavaScript ti consente di rispondere alle collaborazioni dei clienti tramite i membri del pubblico dell'evento. Questo è il segreto gelosamente custodito:

- Aggiunta di membri del pubblico dell'evento: puoi collegare membri del pubblico dell'evento ai componenti HTML per sintonizzarti su eventi come istantanee, pressioni di tasti o movimenti del mouse.

- Funzioni di gestione degli eventi: quando si verifica un evento, viene eseguita una funzione JavaScript. Questa funzione può svolgere diverse attività, da semplici avvisi a complesse elaborazioni di informazioni.

- Previeni attività predefinite: puoi anche impedire il comportamento predefinito degli eventi. Ad esempio, puoi impedire che una struttura venga inviata quando si fa clic su un pulsante.

- Tutto sommato, il DOM è la base per lo sviluppo web e fornisce un metodo organizzato per collaborare e controllare i contenuti web. Ecco perché JavaScript è il linguaggio più importante che consente di creare applicazioni web dinamiche e intelligenti attraverso la determinazione, il controllo e l'elaborazione dei componenti. Questa combinazione di innovazioni consente ai progettisti di creare esperienze web connesse e facili da usare.

Indagare e risolvere i problemi

Nel campo della codifica, la risoluzione dei problemi e la gestione degli errori sono competenze essenziali per qualsiasi sviluppatore o progettista di software. Queste pratiche aiutano a identificare e determinare i problemi e anche a garantire che il prodotto realizzato funzioni come previsto.

Errori di codifica normali:

- Errori di punteggiatura: questi sono i passi falsi più basilari in cui potresti non ricordare un punto e virgola o scrivere male il nome di una variabile . Gli errori grammaticali sono generalmente facili da individuare e correggere.

- Errori coerenti: sono più difficili da distinguere perché non sono necessariamente dovuti a errori. Gli errori coerenti si verificano quando il codice non riesce a produrre il risultato normale a causa di calcoli incompleti o informazioni errate.

- Lettura variabile: l'abuso di gradi variabili può portare a comportamenti sorprendenti. I fattori globali possono entrare in conflitto con i fattori vicini e causare problemi.

- Errori di cluster e file: l'accesso a un componente inesistente di un display o l'utilizzo di un file errato può causare errori di runtime.

- Utilizzo dei dispositivi di programmazione per la risoluzione dei problemi:
- I miglioramenti web odierni spesso comportano la correzione del codice JavaScript nel programma. I dispositivi per sviluppatori di programmi come quelli di Chrome o Firefox sono buone guide in questo ciclo. Puoi impostare punti di interruzione, controllare fattori e scorrere il codice per identificare e risolvere i problemi. Questi dispositivi

visualizzano anche messaggi di errore e registri del centro di controllo per aiutarti a capire cosa è andato storto.

Prova... Risoluzione dei problemi JavaScript:

JavaScript fornisce l'istruzione try...catch per eliminare errori fatali. Questo è il segreto gelosamente custodito:

JavaScript
Codice duplicato
Tentativo {
// Codice che potrebbe causare un errore
} ottieni (errore) {
// Codice per correggere l'errore
}

Inserisci il codice che potrebbe causare un errore nel blocco try. Se si verifica un errore, viene rilevato e l'esecuzione passa al blocco catch dove è possibile correggere rapidamente l'errore. Ciò è particolarmente utile per la gestione delle richieste di rete, la registrazione di I/O o altre attività che potrebbero bloccarsi.

In sintesi, è importante che ogni programmatore risolva i problemi e gestisca gli errori. Comprendere gli errori di codifica più comuni, utilizzare strumenti di programmazione e build come try...catch in JavaScript ti aiuterà a codificare in modo più affidabile e privo di errori. Si tratta davvero di trovare e correggere questi bug in modo efficace per trasmettere un codice eccellente.

Impila contenuto esterno:

L'impilamento di script esterni è una parte essenziale del miglioramento del web. Ciò include l'integrazione di set di dati JavaScript esterni nel tuo sito. Ciò dovrebbe essere possibile nel report HTML utilizzando il tag <script> con una qualità sicura focalizzata sull'URL del contenuto esterno. Questo contenuto può essere servito su CDN (CDN) o sul tuo server. Ti consentono di estendere l'utilità della pagina del tuo sito web consolidando librerie predefinite o codici personalizzati.

Effettua richieste AJAX:

AJAX (Offbeat JavaScript e XML) è un metodo per non effettuare richieste simultanee a un server da una pagina del sito. Questo è fondamentale per creare applicazioni web dinamiche e intelligenti. I giornalisti potrebbero trovarlo utile poiché tratta dell'innovazione dietro le attuali applicazioni web e potrebbe essere un argomento importante per la tua lettura. Le richieste AJAX vengono generalmente create utilizzando JavaScript, consentendo il ripristino o l'invio di informazioni da un server senza richiedere un aggiornamento dell'intera pagina.

Gestione delle reazioni dalle API:
Le API (Application Programming Connection Points) sono gruppi di decisioni e convenzioni che consentono a diverse applicazioni di programmazione di comunicare tra loro. Questo è un argomento importante per un saggista ed editore perché le API vengono utilizzate in molte aziende. Mentre all'interfaccia di programmazione vengono posti dei requisiti, la risposta dell'interfaccia di programmazione può avvenire in diverse configurazioni, ad es. B. JSON o XML. I giornalisti potrebbero aver bisogno di capire come analizzare e utilizzare le informazioni ottenute dalle API nei loro articoli.

È importante sottolineare che queste questioni sono correlate. L'impilamento di script esterni spesso implica la creazione di richieste AJAX per recuperare quel contenuto da un server. Le API vengono generalmente utilizzate per ripristinare informazioni o eseguire attività su server distanti. Questi spesso includono richieste AJAX per inviare e recuperare informazioni.

1. let e const :

ES6 ha introdotto due nuove opzioni per i fattori di proclamazione: let e const. A differenza del vecchio principio var, let e const hanno un grado a livello di blocco, che impedisce fuoriuscite variabili e modifiche accidentali.

const viene utilizzato per dichiarare costanti i cui valori non possono essere riassegnati.

2. Avvitare:

I lavori Bolt forniscono una struttura linguistica compatta alle abilità di scrittura. Sono particolarmente preziosi per le abilità misteriose e forniscono una dichiarazione più certa su questa limitazione. Per esempio:

JavaScript
Codice duplicato

```
const duplicato = (a, b) => a * b;
```

3. Letterali di layout:

I valori letterali del layout consentono di creare stringhe con le articolazioni installate. Ciò migliora l'unione e l'aggiunta di stringhe. Usano i backticks() per caratterizzare i letterali di layout e i caratteri jolly sono racchiusi tra ${}'.

JavaScript
Codice duplicato
const nome = "Giovanni";
const greet = 'Ciao, ${nome}! `;
4. Compito di destrutturazione:
La destrutturazione consente di estrarre valori da reperti o oggetti e assegnarli a fattori. Ciò può rendere il codice più conciso e decifrabile.

JavaScript
Codice duplicato
cost[x, y] = [1, 2]; // x = 1, y = 2

5. Lezioni:
ES6 ha presentato la grammatica delle classi per produrre elementi e caratterizzare costruttori, tecniche

e proprietà. È un modo più organizzato di lavorare con funzionalità e modelli.

JavaScript
Codice duplicato

```
classe Individuale {
costruttore(nome) {
this.nome = Nome;
}
Benvenuto( ) {
return 'Ciao, mi chiamo ${this.name}';
}
}
```

6. Moduli:

ES6 ha introdotto un framework di moduli che consente di importare e produrre funzioni, classi e fattori. Ciò migliora la qualità misurata del codice.

JavaScript

Codice duplicato

// Spedito _

invia const add = (a , b) => a + b;

// Introdurre

importa { aggiungi } da './math';

Questi sono solo alcuni dei punti salienti di ES6. Comprendeva numerosi miglioramenti diversi a JavaScript, rendendolo un linguaggio più potente ed espressivo. ES6 è diventato lo standard per l'attuale sviluppo JavaScript ed è ampiamente utilizzato sia nello sviluppo frontend che backend.

Creazione di un'applicazione Web specifica utilizzando JavaScript

Con l'avanzare dell'età, la capacità di creare applicazioni web è un obiettivo importante. Che tu sia un autore o un editore che cerca di rivitalizzare la tua presenza sul web, o semplicemente non sei sicuro, costruire un sito importante può essere una grande opportunità. Questa guida ti guiderà attraverso i passaggi essenziali per creare un'applicazione web solida utilizzando JavaScript.

1. Impostazione del tuo scenario ininterrotto:

Prima di entrare nel codice, assicurati di avere un gestore di sostanze come Visual Studio Code o Grandiose Message installato sul tuo PC. Questi editor offrono una visione particolarmente chiara della creazione e della gestione del tuo codice.

2. Miglioramento dell'HTML:

Ogni pagina del sito inizia con HTML. Inizia creando un record HTML e rappresenta al suo interno il design effettivo del tuo sito Web utilizzando nomi HTML. Ecco un accordo essenziale:

html
Copia il codice
<! DOCTYPEhtml>

```
<html> _ _
<testa> _ _
<!-- La tua sostanza verrà qui - - >
</corpo>
</html>
```

3. Aggiungi JavaScript:

Per aggiungere dati alla tua pagina hai bisogno di JavaScript. Crea un altro nome felice nella sezione <head> del record HTML e aggiungi il tuo codice JavaScript:

html
Copia il codice

```
<script> _ _
// Il tuo codice JavaScript apparirà qui
</script>
```

4. Costruzione: Ottienilo:

Dovremmo aggiungere una rappresentazione centrale del significato. Supponiamo che tu abbia davvero bisogno di creare un pulsante che cambi il testo quando viene cliccato. Puoi farlo selezionando una parte HTML e modificandone il contenuto. Ecco un modello:

html
Copia il codice

```
<script> _ _
limite modificaTesto() {
document.getElementById("conten
uto"). innerHTML = "Il testo è stato
modificato!";
}
</script>
```

Inoltre nel corpo HTML:

html
Copia il codice

5. Testa la tua applicazione web:

Apri il tuo record HTML in un programma web per visualizzare la tua applicazione web e tenere tutto in considerazione. Quando tocchi il pulsante, il testo dovrebbe cambiare come appare nel tuo limite JavaScript.

Questa è solo una piccola parte di qualcosa di più fondamentale sul miglioramento del web. Ciò ti consente anche di connetterti alla tua applicazione web approfondendo HTML, CSS per la progettazione e un'altra strategia JavaScript. Internet è una vasta risorsa per attività e documentazione approfondite.

- Clean Code: A Handbook of Nimble Programming Craftsmanship di Robert C. Martin: Questo libro enfatizza la creazione di codice pulito e utilizzabile, un'abilità importante per i progettisti.

- JavaScript: The Great Parts di Douglas Crockford: se sei interessato allo sviluppo web, questo libro si concentra sulle tecniche comuni e sulle parti importanti di JavaScript.

- "Esempi di configurazione: componenti di programmazione di elementi riutilizzabili" di Erich Gamma, Richard Steerage, Ralph Johnson e John Vlissides: questo libro esemplare affronta progetti di configurazione fondamentali per il progresso della programmazione.

- Siti:

- Stack Flood: uno strumento essenziale per gli ingegneri per chiarire questioni urgenti e trovare risposte a problemi comuni e complessi.

- GitHub: un palcoscenico per facilitare e collaborare sul codice. È un luogo eccezionale per scoprire progetti open source, contribuire e collaborare con designer diversi.

- Documenti Web MDN: la Mozilla Engineer Organization fornisce una documentazione completa sui progressi web che è particolarmente utile per i web designer.

- Corsi online:

- Coursera: offre corsi su vari dialetti di programmazione, miglioramento del web e argomenti di ingegneria del software.

- edX: offre corsi di università e istituzioni su molti argomenti specializzati.

- Udemy: mette in evidenza una vasta selezione di

seminari su codifica, miglioramento web e codifica.

Conclusione :

Riepilogare i punti chiave dell'azione.
Incoraggia i dilettanti a continuare a provare ed esplorare JavaScript

Positivo: che ne dici di concludere la nostra conversazione su JavaScript e incoraggiare i dilettanti a migliorare ulteriormente le proprie competenze in questo linguaggio flessibile?

JavaScript è un linguaggio di programmazione di base che viene spesso utilizzato per il miglioramento del web. Nel corso della nostra discussione, abbiamo esaminato le prospettive chiave tra cui i tipi di informazioni, le funzioni e il Report Item Model (DOM). I principianti dovrebbero ricordare alcuni punti importanti quando entrano nel mondo della programmazione JavaScript:

Versatilità: JavaScript non è solo per il miglioramento del web. Puoi usarlo per la preparazione lato server (Node.js), il miglioramento delle applicazioni portatili e, sorprendentemente, nel Web of Things (IoT).

Inizia in modo semplice: se hai appena iniziato, concentrati sugli aspetti pratici. Comprendere i fattori, i tipi di informazioni e come mettere insieme le competenze. Questi sono i blocchi strutturali di JavaScript.

Autorità DOM: capire come controllare il DOM è fondamentale per l'evoluzione del web. In questo modo crei pagine intuitive e dinamiche.

meglio attraverso la formazione. Scrivere codice in modo coerente e commettere errori è il modo in cui impari.

Vue e librerie come jQuery da indagare. Puoi rendere le tue attività di miglioramento più efficaci.

Rimani informato: l'universo del miglioramento web è in continua evoluzione. Rimani aggiornato sugli ultimi punti salienti e sulle migliori pratiche di JavaScript per rimanere rilevante nel settore.

9 798886 589468